L6 1713.

AIDE-TOI, LE CIEL T'AIDERA.

REVUE POLITIQUE

Mars 1833.

PARIS,

IMPRIMERIE DE DUCESSOIS,

QUAI DES AUGUSTINS, 55.

Aide-toi, le Ciel t'aidera.

RAPPORT DU COMITÉ

LU A LA SOCIÉTÉ

DANS L'ASSEMBLÉE GÉNÉRALE DU 4 FÉVRIER 1833.

MESSIEURS,

Dans votre dernière réunion générale, le comité vous a présenté un rapport sur les travaux de la Société, sur son organisation intérieure et sur la distribution des membres du comité en plusieurs sections, ayant chacune sa spécialité. A ce rapport était joint le réglement de la Société, tel qu'il résultait des statuts fondamentaux et des diverses résolutions prises, soit par le Comité soit par la Société en assemblée générale.

Il vous a semblé utile que ce travail fût mis sous les yeux de tous les membres de la Société, à Paris et dans les départemens. Le Comité s'empresse de vous annoncer que les sociétaires et correspondans qui ont eu occasion de nous écrire, nous parlent tous de l'heureux effet qu'a produit cette communication.

Nous venons aujourd'hui vous rendre compte de l'état général des affaires et des travaux auxquels nous avons dû nous livrer.

A l'époque de notre dernière réunion, un grand nombre de patriotes sincères, comptant sur l'efficacité des leçons que les députés auraient pu recevoir de leurs commettans, et surtout de ce peuple qui, pour être privé de droits politiques, n'en prend pas moins d'intérêt aux affaires, espéraient encore qu'un vote de la Chambre suffirait pour renverser un ministère anti-national, ennemi du principe et des hommes de juillet. Ces illusions, votre comité ne les a point partagées, et, sans jamais désespérer de la cause de la civilisation et de la liberté, nous comptions, pour le triomphe de nos principes, sur l'énergie patiente du peuple, sur la persévérance et l'union de tous les patriotes que de faibles nuances ont divisés jusqu'ici, et sur l'action puissante de la presse, libre encore malgré les poursuites réitérées du pouvoir; nous espérions peu d'une Chambre produit du privilége électoral, qui ne représente pas plus le peuple qu'elle n'est élue par le peuple, et nous savions que, fidèle à son origine, à ses préjugés, à ses terreurs, la majorité de M. Casimir Périer appartiendrait à quiconque saurait sacrifier les intérêts de tous aux intérêts des priviléges, à quiconque saurait l'effrayer de la guerre étrangère, du désordre des rues ou de l'invasion des doctrines républicaines. Une tentative d'assassinat, réelle ou imaginaire, a détruit, vous avez vu comment, ces velléités d'indépendance et de patriotisme dont avaient fait parade les hommes et les journaux du tiers-parti. Ce refus de concours, si pompeusement annoncé, s'est converti en une adresse servile, où la violation des garanties constitutionnelles n'était pas même blâmée; monument déplorable de faiblesse et de déception, voté par une majorité compacte et disciplinée, et repoussée à peine par cent dix-neuf députés fidèles à leurs engagemens.

Cette nouvelle épreuve était nécessaire, Messieurs ; il était bon qu'on vît encore une fois tout ce qu'il y a d'incompatible entre le monopole électoral et la souveraineté du peuple ; aussi, lorsque quelques organes respectables des principes que nous défendons, crurent devoir manifester des espérances que nous ne partagions pas, nous ne jugeâmes pas utile de protester contre cette opinion et de nous expliquer sur la part qu'il était réservé à la Chambre des Députés de prendre dans les actes et la marche rétrograde du pouvoir. Bien plus, nous avons pensé alors qu'il convenait d'arrêter momentanément une série de publications où nous nous proposions de formuler nos vues sur les conséquences nécessaires de la révolution de juillet, afin que les patriotes qui croient pouvoir fonder la liberté sur les bases étroites de la Charte de 1814, amendée en quelques heures par une chambre du double vote, ne pussent pas nous reprocher d'avoir nui par des attaques intempestives au succès qu'ils se promettaient de leurs efforts et de leurs discours conciliants.

Depuis notre dernière réunion, Messieurs, nos relations avec les journaux patriotes des départemens se sont étendues et régularisées. Nous n'avons rien négligé pour que les questions à l'ordre du jour y fussent convenablement traitées, pour que tous les documens utiles, tous les faits essentiels fussent transmis à leurs rédacteurs en chef, parmi lesquels figurent avec distinction un grand nombre de membres de notre société.

Nous comptons, depuis votre dernière réunion, plusieurs organes nouveaux de l'opinion patriote ; nous vous citerons entre autres *le Constitutionnel de Loir-et-Cher*, journal qui

se publie à Blois, et *le Courrier d'Indre-et-Loir*, qui a paru
depuis quelque temps à Tours. Le premier de ces journaux
est obligé de s'exprimer timidement, parce qu'il s'adresse
à une population encore peu avancée; mais ses fondateurs
sont des patriotes sincères; ils se sont proposé le but éminemment utile d'améliorer l'esprit public dans ce pays qui
paraissait, il y a peu de temps encore, inféodé au juste-milieu. Quant au *Courrier d'Iure-et-Loir*, nous croyons pouvoir affirmer, d'après ce que nous connaissons de M. Thi-
baut, son rédacteur en chef, que ce journal sera rédigé avec
autant de talent que d'indépendance.

Vous ne serez pas étonnés, Messieurs, que dans ce rapport
sur l'état des affaires, nous ayons été amenés à vous parler
d'abord de la liberté de la presse, la plus vitale de nos libertés, la seule peut-être de nos conquêtes de juillet sur
laquelle le pouvoir n'ait point eu de prise, la seule du moins
qui, par la force et l'excellence de son institution, ait résisté
aux attaques réitérées de nos renégats politiques, admirable
instrument de civilisation et de progrès qui fonctionne malgré les entraves du fisc et les résistances incessantes que lui
oppose le zèle des gens du roi.

Les associations qui ont pour but de défendre contre tant
d'agression cette garantie de nos droits, ont dû attirer vivement notre attention; et, sans prétendre substituer en rien
notre action à celle du comité spécial fondé à Paris, et composé de citoyens honorables, de patriotes dévoués, dont le
nom seul est une garantie, nous avons profité de nos relations pour provoquer partout des associations, soit de département, soit d'arrondissement, soit même de canton, et,
dans la plupart des départemens, nos efforts ont été couronnés
de succès. Encore quelques mois et, sur tous les points de
la France, la presse comptera des défenseurs nombreux et

organisés de telle sorte que toute tentative du pouvoir contre ce palladium de nos libertés sera impuissante.

La mission de ces comités qui se fondent en province, sera d'abord de soutenir les journaux patriotes des localités partout où il en existera, d'en établir où il en manque, de combattre, par tous les moyens dont ils disposeront, l'influence des journaux vendus au ministère ou des gazettes dévouées au carlisme, de consacrer une partie des fonds qu'ils auront reçus à propager les feuilles populaires, et à aider le comité de Paris dans les secours qu'il réserve aux feuilles que le pouvoir a réussi à faire condamner.

Déjà, par les soins de M. Cormenin, au talent duquel la presse de Paris et des départemens doit tant de reconnaissance, et grâce au zèle de MM. Cordier, Laguette-Mornay, l'arrondissement de Bourg (Ain) a son association, et bientôt, nous avons tout lieu de l'espérer, les autres arrondissemens du département de l'AIN suivront leur exemple.

Le département de l'ALLIER n'a point encore d'organisation complète, mais tous les patriotes, si nombreux dans ce département, apprécient l'utilité de cette association ; l'excellent journal que rédige à Moulins notre ami Achille Roche leur fait facilement comprendre les avantages de la presse périodique libre, et nous ne doutons pas que d'ici à quelques semaines, ils n'aient aussi imité le généreux exemple que leur ont donné les citoyens de la Moselle, toujours les premiers sur la brèche quand il s'agit de défendre la liberté contre les attaques du pouvoir, ou l'indépendance nationale contre l'invasion étrangère.

ALPES (BASSES). Rien.

ALPES (HAUTES). L'association n'est pas encore complétement organisée ; mais les deux dignes députés de ce département, MM. Allier et Pascal Faure, vont, de concert avec les patriotes influens d'Embrun, de Gap et de Briançon, inviter leurs commettans à donner cette nouvelle preuve de leur amour pour la liberté.

Ardèche. Rien.

Arriége. Rien.

Ardennes. Rien.

Aube. Le département de l'Aube possède à Troyes une association, et dans le comité que les sociétaires ont élu, figurent, comme partout, plusieurs de vos sociétaires ou correspondans.

Aude. Rien.

Aveyron. Rien.

Bouches-du-Rhône. Ce n'est pas seulement à Marseille que les patriotes de ce département ont voulu s'associer en faveur de la presse. Grâce au zèle de quelques bons citoyens que nous avons l'avantage de compter parmi nos correspondans, des associations cantonnales s'organisent, notamment dans l'arrondissement d'Aix.

Calvados. Des comités cantonaux s'établissent dans ce département ; ils ont pour but, non pas seulement la liberté de la presse, mais tous les développemens de nos institutions, et correspondent avec nous directement. Une association exclusivement consacrée à la liberté de la presse, est organisée à Caen sous les auspices de nos principaux correspondans de cette ville.

Cantal. Ce département est compris dans la vaste association fondée à Clermont-Ferrand pour le Puy-de-Dôme, le Cantal, la Creuse, la Corrèze et la Haute-Loire. Le talent et l'activité de notre ami Trélat, qui rédige le *Patriote du Puy-de-Dôme*, le zèle éclairé des membres choisis pour former le comité central, nous promettent pour cette association un succès prompt et certain.

CHARENTE. Quelques patriotes dévoués ont posé les bases d'une association qui cependant n'a pas encore reçu d'organisation définitive.

CHARENTE-INFÉRIEURE. L'association fondée dans ce département sous les auspices de MM. Senné, Eschasseriaux, Beauséjour et Audry de Puiraveau, a choisi ce dernier pour son délégué auprès du comité central de Paris. Ce choix vous donne une idée de l'excellent esprit qui anime tous les sociétaires.

CHER. L'ardent patriotisme des citoyens de ce département, l'influence conquise par la *Revue du Cher*, l'un des meilleurs journaux des départemens, rendait facile à Bourges et à Saint-Amand l'établissement des associations. Les comités sont formés, et vos correspondans ont obtenu là, comme dans presque toutes les localités, les suffrages de leurs concitoyens (Voir *Cantal*).

CÔTE-D'OR. Un département qui, sur cinq députés, n'a donné au ministère que M. Vatout; une ville comme Dijon, où les députés de l'opposition ont été fêtés par dix-huit cents convives, devaient avoir leur association pour la presse; celle qui a été fondée à Dijon a élu son comité et paraît devoir être une des plus importantes de la France.

L'excellent journal qui paraît à Dijon secondera les efforts des associés et sera à son tour soutenu par eux, s'il en est besoin, contre les attaques du pouvoir.

CÔTES-DU-NORD. Rien.

CREUSE. (Voir. *Cantal*).

DORDOGNE. L'association est complétement organisée; mais nous ne connaissons pas encore la composition du comité.

DOUBS. Rien.

DRÔME. Rien.

EURE. Quelques associations par canton sont organisées; entr'autres celle de Beaumont-le-Roger que nous avons offerte pour modèle à tous nos correspondans : elles n'ont pas cru devoir borner leur action à la presse ; mais elles s'occupent activement de cette partie si importante de leurs attributions.

EURE-ET-LOIRE. Rien.

FINISTÈRE. Rien.

GARD. A Nîmes une association est en pleine vigueur; là comme partout, plus peut-être que partout ailleurs, l'influence de votre principal correspondant a puissamment secondé le zèle des amis de la liberté de la presse, et les démarches qu'a faites l'un des membres du comité central de Paris.

HAUTE-GARONNE et GERS. Jusqu'à présent les patriotes, si nombreux dans ces deux départemens, ont envoyé directement leur souscription à Paris par les soins des comités déjà organisés, et qui correspondent régulièrement avec nous depuis fort long-temps.

GIRONDE. Une association se forme à Bazas, l'arrondissement le plus patriote de ce département. Nous pensons que Bordeaux ne tardera pas à suivre cet exemple, malgré les obstacles que suscitera aux patriotes l'égoïsme des riches négocians de cette ville.

Hérault. A Montpellier l'association s'organise lentement. L'influence paralysante d'un des députés, partisan dévoué du ministère, et l'apathie d'un autre qui cependant est encore dans les rangs de l'opposition, paraissent être la cause de ces retards. Au surplus, quelques fonds ont déjà été envoyés à Paris.

Ille-et-Vilaine. Dans les pays où la chouannerie exerce ses ravages, on s'associe plutôt contre les brigandages légitimistes que pour défendre la liberté de la presse dont on apprécie cependant toute l'importance. Nous ne devons donc pas nous étonner que des associations ne soient pas formées ni dans ce département, ni dans ceux des Côtes-du-Nord, de la Vendée, de Maine-et-Loir, de la Mayenne et du Morbihan.

Indre. Jusqu'à nouvel ordre l'association du Cher s'étendra au département de l'Indre, et si le besoin d'une organisation spéciale se faisait sentir, nos correspondans pourraient l'organiser promptement.

Indre-et-Loire. Quelques hommes dévoués s'occupent avec activité de préparer les élémens d'une association féconde. Mais il fallait d'abord s'occuper de la fondation d'un journal libéral. Ce journal existe maintenant : il rendra plus facile la création d'un comité.

Isère. Ce département si éminemment patriote n'est jamais en arrière quand il s'agit de s'organiser contre les empiétemens et les violences du pouvoir. Il ne pouvait voir d'un œil indifférent les poursuites acharnées dont les journaux sont l'objet. Les noms de citoyens qui figurent en première ligne sur les listes de l'association fondée à Grenoble en faveur de la presse périodique sont une garantie de la persévérance avec laquelle les citoyens de l'Isère défendront cette précieuse institution.

Jura. Le Jura qui, depuis la démission de M. Lempereur, ne compte plus dans sa députation qu'un seul ministériel, le général Delort, n'a pas encore d'association organisée. L'élan patriotique qu'a provoqué l'élection du général Bachelu rendra sans doute facile cette organisation, pourvu que trois députés patriotes s'entendent pour la provoquer, et y contribuent de leur influence.

Laudon. Malgré l'échec que les bons citoyens de ce département viennent d'éprouver à Dax, leur persévérence ne se lassera pas et nous savons qu'ils s'occupent activement de la création d'un comité pour la défense de la presse.

Loire. Nous avons fort peu de correspondans dans ce département qui du reste, ne compte pas un seul député franchement patriote. La création de comités d'arrondissement ou de comités cautonnaux y serait plus utile que partout ailleurs. Nous prierons ceux d'entre vous qui ont des relations avec ce pays de nous indiquer les citoyens sur lesquels nous pourrions compter pour nous aider à atteindre ce but.

Haute-Loire. (*Voir Cantal.*)

Loire-Inférieure. Par les soins et auspices des députés patriotes de ce département, une association s'est organisée à Nantes et correspond avec le Comité central de Paris par l'intermédiaire de M. Luminais.

Loiret. L'arrondissement de Montargis a, le premier, donné l'exemple de ces associations par arrondissement, si utiles et si fructueuses. L'excellent travail de M. Cormenin, qu'on retrouve toujours lorsqu'il s'agit de servir la liberté, et l'organisation qu'il a fait adopter dans l'assemblée générale des sociétaires ont provoqué un grand nombre d'associations de ce genre.

LOT, LOT ET GARONNE, LOZÈRE. Rien.

MAINE-ET-LOIRE. Plusieurs de nos sociétaires s'occupent avec zèle de fonder dans ce département une association pour la presse. Les obstacles dont nous vous avons parlé à propos des autres départemens de l'Ouest, et les sacrifices nombreux faits déjà en faveur des Polonais, rendent cette tâche assez difficile, et cependant nous avons la confiance que la persévérance de nos correspondans triomphera de ces difficultés.

MANCHE, MARNE, HAUTE-MARNE. Rien.

MEURTHE. Le comité de l'association est complétement organisé à Nancy, et correspond directement avec le comité de Paris.

MOSELLE. Il en est de même à Metz, et nous devons rappeler ici que c'est encore aux patriotes de la Moselle que la France doit le premier exemple de ces associations.

MEUSE. Point d'association, grâce à l'influence paralysante de MM. Etienne et consorts. Ce spirituel académicien qui doit tout à la presse n'est pas aujourd'hui le publiciste frondeur de la *Minerve*. Il se contente d'être un des actionnaires influens du *Constitutionnel*, et le juste-milieu a obtenu de son dévouement des services assez semblables à ceux qu'il rendit jadis au gouvernement impérial.

MORBIHAN. Point d'association pour la presse, grâce aux chouans et au pouvoir qui les protège.

NIÈVRE. Point d'association dans un pays peuplé de créatures de M. Dupin, et où son influence est si puissante.

NORD. Une vaste association s'est formée entre les dépar-

temens du Nord, du Pas-de-Calais et de la Somme. Espérons que bientôt, grâce à ses efforts, l'importante ville
d'Amiens possédera un journal patriote, comme Arras,
Douai et Lille.

Oise. Les citoyens qui, dans ce département, se sont voués
à là cause de la liberté,ont fait et font tous les jours de grands
sacrifices pour soutenir contre les persécutions du préfet le
journal libéral qu'ils ont fondé. Ces soins ont retardé jusqu'à
présent les développemens de l'association pour la presse.

Orne. Rien.

Pas-de-Calais. (Voyez *Nord.*)

Puy-de-Dôme. La ville de Clermont-Ferrant est en quelque sorte le point central de l'association dont nous avons
parlé plus haut, et qui a été formée entre les départemens
du Cantal, de la Corrèze, de la Creuse, le Puy-de-Dôme, la
Haute-Loire.

Basses-Pyrénées, Hautes-Pyrénées. Rien.

Pyrénées-Orientales. L'association est organisée à Perpignan,et correspond, par l'intermédiaire du colonel Sicard,
président de son comité, avec le Comité central de Paris.

Bas-Rhin. Même résultat. M. d'Argenson représente à
Paris l'association.

Haut-Rhin. Même résultat.

Rhône. M. Lortet, l'un de nos correspondans à Lyon, a
été élu président du comité de l'association lyonnaise. Plusieurs journaux de l'opposition existent à Lyon, et sont,
comme partout, en butte aux persécutions du ministère
public. L'association des patriotes du département du

Rhône aura donc besoin de consacrer une partie de ses res-
sources à la défense de ces organes indépendans de l'opinion que nous voulons faire prévaloir.

HAUTE-SAÔNE. Rien.

SAÔNE-ET-LOIRE. Les patriotes de Châlons-sur-Saône,
occupés à défendre contre le ministère leur garde nationale
indignement dissoute, n'ont pu encore s'organiser complétement. L'excellent journal qui se publie dans cette ville a
jusqu'à présent suffi pour défendre les principes de notre révolution, attaqués par les feuilles du préfet. Cependant,
grâce à l'influence de l'honorable général Thiars et de ses
collègues, Corcelles, Dureault et Guillemant, une association ne tardera pas à se former, soit à Mâcon, soit à
Châlons.

SARTHE. Il y avait dans ce département, essentiellement
patriote, comme dans les autres départemens de l'Ouest,
de grands obstacles à une association pour la presse. Grâce
à l'incurie du gouvernement, les patriotes de ce pays ont,
avant tout, à se défendre contre la chouannerie.

SEINE. Vous connaissez tous l'organisation du Comité
central de Paris. Les cent soixante premiers sociétaires qui
ont été appelés à choisir le Comité, l'ont composé de patriotes sincères qui, depuis comme avant juillet, ont donné
des gages de leur amour pour la liberté, et nous avons cru
devoir user de toute l'influence que nous donnent nos relations pour développer les associations en province.

SEINE-ET-OISE et SEINE-ET-MARNE. La proximité de ces
deux départemens rendait presque inutile la création de comités particuliers, les offrandes pouvant être aussi facilement adressées à Paris qu'à Melun ou à Versailles.

SEINE-INFÉRIEURE. Rien.

DEUX-SÈVRES. L'association est organisée et a un délégué auprès du Comité de Paris.

SOMME. (Voyez *Nord*.)

TARN. Association organisée, comité en relation avec celui de Paris par l'intermédiaire de M. Paul Prat.

TARN-ET-GARONNE. Les patriotes sont en immense majorité à Montauban et dans tout le département de Tarn-et-Garonne, même dans la classe privilégiée des électeurs. Si donc l'association pour la liberté de la presse n'y est pas encore complétement organisée, c'est que le comité de Montauban ne l'a pas jugée immédiatement nécessaire, et a trouvé convenable d'envoyer directement au comité de Paris les fonds qu'il a reçus. Cette organisation serait facile dans le département de Tarn-et-Garonne aussitôt qu'on en sentira le besoin.

VAR. Deux journaux de l'opposition existent à Toulon dans deux nuances distinctes. Il y a désunion entre des hommes qui doivent tendre au même but, et cette désunion tourne au profit du pouvoir. Néanmoins l'association pour la liberté de la presse a de nombreux adhérens; et si, comme nous l'espérons, une réconciliation vient à s'opérer entre les principaux organes de l'opinion libérale, elle sera là plus puissante que partout ailleurs.

HAUTE-VIENNE. L'association est complétement organisée et correspond avec le Comité de Paris.

YONNE. Les députés patriotes de ce département, et M. Cormenin, qui fut d'abord le représentant de l'arrondissement de Joigny, s'occupent d'y fonder un journal de l'opposition. Quand ils auront réussi, il sera facile de grouper dans une association les partisans sincères de la liberté de la presse.

Les résultats que nous venons de mettre sous vos yeux sont importans, et nous pouvons dire hautement que votre Société n'y est point restée étrangère. L'influence que nous donne le nombre toujours croissant de nos correspondans et de nos sociétaires dans les départemens, nous permet de prendre une part active à tout ce qui se fait d'utile, de provoquer partout les associations, les formations de comités, les créations de journaux, en un mot, d'organiser dans toute la France une opposition vigoureuse à un pouvoir qui ne cache plus ses antipathies pour la souveraineté du peuple et ses sympathies pour les hommes et les choses de la restauration. Nous avons senti dès-lors que nous devions encore étendre le cercle de nos relations, et que, dans chaque canton de la France, il nous fallait un ou plusieurs correspondans ou sociétaires. Nous espérons dans peu avoir obtenu complétement ce résultat. Déjà, depuis votre dernière réunion, plus de deux cents noms nouveaux ont été ajoutés à la liste de nos membres correspondans.

Quant aux diverses nuances de l'opinion patriote, nous en avons été peu préoccupés dans le choix de nos correspondans. Tout ce qui veut sincèrement les progrès, la liberté, l'égalité; tout ce qui veut, en un mot, le principe de la souveraineté du peuple avec toutes ses conséquences possibles, nous a paru devoir être admis. Que les uns s'attachent encore aux institutions fondées en août, et croient que la monarchie n'est pas encore incompatible avec les institutions républicaines; que d'autres cherchent dans le changement même de la constitution un remède aux maux que la France a soufferts depuis trente mois, peu nous importe, pourvu qu'ils se réunissent à nous franchement pour amener par les voies légales le triomphe de nos principes ; c'est-à-dire toutes les conséquences de la souveraineté du peuple.

Nous nous proposions de vous faire connaître des renseignemens obtenus par notre commission d'enquête sur quelques circonstances relatives au coup de pistolet du Pont-Royal; mais en ce moment deux citoyens sont poursuivis comme auteurs de cet attentat, et nous croyons devoir ne rien ajouter à ce que nous avons déjà livré à la publicité sur Mlle Boury, l'un des témoins importans dans cette affaire. Il paraît au surplus que les poursuites ont plutôt pour but de prouver qu'il y a eu tentative d'assassinat que de frapper deux hommes contre lesquels il ne paraît s'élever aucune charge sérieuse. M. Ferdinand Flocon a déjà fait connaître au public quelques scènes assez piquantes de ce drame qu'on voudrait bien rendre sanglant. On a peine à concevoir sous quels prétextes frivoles la police arrête et retient en prison, au secret même, les citoyens qui ont eu le malheur de déplaire à notre gouvernement; et l'on est conduit par ces curieuses révélations à se demander quelles garanties les citoyens ont en France contre les erreurs des agens du pouvoir.

Si nous sommes obligés de nous taire sur la partie judiciaire de cet événement, nous pouvons dès à présent en examiner la partie politique. Les résultats obtenus par le ministère sont brillans et décisifs ; l'assassinat réel du duc de Berri n'a pas produit de plus grands avantages au parti royaliste en 1820, que le coup de pistolet du Pont-Royal n'en a apporté aux doctrinaires. Une majorité compacte, approbative de l'état de siége, silencieuse sur les violations qu'a subie la constitution par la fournée illégale des pairs et l'ordonnance plus illégale sur la duchesse de Berri , une adresse bien pâle , bien insignifiante , mais remplie de protestations monarchiques , l'argent des contribuables prodigué par voie de douzièmes provisoires et de crédits supplémentaires , voilà ce qu'ont obtenu nos ministres de cette chambre qui , à entendre les journaux du tiers-parti , devait renverser de son souffle le cabinet doctrinaire , mais qui réellement a saisi avec avidité un prétexte pour le remettre de nouveau sans réserve à la discrétion du pouvoir.

Nos gouvernans ont-ils été aussi heureux auprès des autres corps qui , directement ou indirectement , représentent le peuple en vertu d'un principe électif plus large ? Pour juger des résultats , rappelons les efforts qui ont été faits : des ordres précis furent portés par le télégraphe et par estafettes à tous les préfets, sous préfets, procureurs-généraux, receveurs des finances, généraux commandant les divisions et subdivisions, de faire et de faire faire par leurs subordonnés des adresses au sujet du danger qu'avait couru le roi, et de saisir cette occasion de protester par leur dévouement. Il était recommandé surtout d'obtenir, à quelque prix que ce fût, des adresses de la part des conseils municipaux et des corps d'officiers de la garde nationale. En conséquence, ordre fut donné à tous les maires de convoquer extraordinairement les conseils; à tous les colonels de légions ou commandans de bataillons de la garde nationale de réunir leurs officiers et sous-officiers, afin de porter au roi l'expression de leur douleur à l'occasion de l'assassinat dont il avait failli être victime : on tenait tant à ces démonstrations que les promesses les plus séduisantes furent prodiguées. Aux bataillons désarmés, on promettait des fusils et des sabres ; aux bataillons armés, des cartouches pour les exercices à feu; aux municipalités, des routes, des ponts, des écluses ou des marchés depuis long-temps sollicités en vain ; aux maires, aux adjoints, aux commandans qui réussiraient, des décorations, des places, des bourses pour leurs enfans dans les colléges royaux. Et si l'on contestait cette assertion, nous pourrions citer le témoignage d'un grand nombre de maires ou adjoints qui se sont récriés contre de si belles manœuvres, consignées d'ailleurs en grande partie dans la lettre que M. Gaspard Laboissière a fait insérer dans les journaux.

Eh bien, messieurs, nous avons été curieux de connaître d'une manière précise le nombre des adhésions obtenues par tant de moyens de séduction. Nous avons compulsé le *Moniteur* et les autres journaux ministériels qui ont enregistré jour pour jour toutes les adresses présentées et envoyées au roi, et nous avons trouvé que, sur quarante mille conseils municipaux, cinq cent trente seulement ont répondu à l'appel du ministère ; et que, sur plus de dix mille légions, bataillons ou corps organisés de garde nationale urbaine ou rurale, deux cent dix ont adressé au roi leurs félicitations. Voici quelques détails statistiques assez curieux à ce sujet.

Des quatre-vingt-six départemens de la France, cinq n'ont envoyé ni adresses de conseils municipaux, ni adresses de garde nationale. Ce sont l'Aude, l'Aveyron, la Corrèze, le Rhône et la Vendée. Dans trois autres (l'Allier, le Lot et les Hautes-Pyrénées), aucun conseil municipal n'a envoyé d'adresse. Dans vingt-six (l'Ain, les Basses et Hautes-Alpes, l'Ardèche, le Cantal, la Charente, le Cher, les Côtes du-Nord, la Creuse, le Doubs, les Landes, la Loire, la Haute-Loire, la Loire-Inférieure, Loir-et-Cher, la Lozère, le Puy-de-Dôme, les Basses-Pyrénées, les Pyrénées-Orientales, Saône-et-Loire, Deux-Sèvres, Somme, Tarn,

Var, Vaucluse, Vienne), le ministère n'a obtenu aucune adresse de la part des corps constitués de la garde nationale.

Le département qui a fourni le plus d'adresses de conseils municipaux est celui du Bas-Rhin; il en a lui seul envoyé quatre-vingt-dix-huit. Puis viennent le Finistère et la Nièvre qui en ont envoyé, l'un vingt-neuf, l'autre vingt-un; enfin, c'est dans le département de Seine-et-Oise qu'on a recueilli le plus grand nombre d'adhésions de la garde nationale. Le *Moniteur* en donne trente.

A ces détails statistiques sur les communes qui ont voté des adresses, joignons quelques renseignemens extraits de notre correspondance; bien que les journaux de l'opposition en aient relaté quelques-uns, ils doivent être mentionnés dans ce Rapport, afin que vous puissiez vous faire une juste idée de l'esprit qui anime l'immense majorité des conseils municipaux, et que vous puissiez apprécier l'utilité du travail fait par la seconde section du Comité.

Remarquons d'abord que toutes les adresses si pompeusement enregistrées dans le *Moniteur*, n'ont pas été votées par la majorité réelle des conseils; que toutes ne sont pas louangeuses et approbatives, et qu'enfin, dans la plupart des villes, il s'est manifesté une opposition vive d'une minorité souvent imposante; ainsi, à Poitiers (Vienne), c'est la minorité qui vote et signe l'adresse; ainsi, à Angoulême, on a envoyé chercher des signatures à domicile. A Orthez, sur vingt-deux membres, treize seulement sont présens, et trois protestations s'élèvent contre la résolution. A Vienne (Isère), une majorité énergique s'oppose à l'adresse. A Josselin (Morbihan), sept boules noires la repoussent.

A Chamberet (Haute-Vienne), le conseil municipal fait aussi son adresse; mais comme elle contient une improbation sévère de la marche du gouvernement, ils craignent qu'elle ne s'égare en route, et le maire en envoie une copie au *National;* voici cette pièce : elle méritait en effet une publicité que le *Moniteur* aurait certainement refusée.

« Sire,

» Les membres du conseil municipal de la commune de Chamberet ont été plus affligés que surpris en apprenant l'attentat du 19 novembre. Ils ne s'en sont dissimulé ni les causes, ni les auteurs. Par quelle fatalité faut-il que ceux qui avaient reçu la mission si douce et si facile de faire aimer et bénir votre nom, se soient livrés sans relâche à une tâche tout opposée? Sire, il nous est pénible d'en faire l'aveu, les conseillers de la couronne n'ont que trop réussi dans leur entreprise : l'amour et l'enthousiasme ont été remplacés par le découragement et l'exaspération. Comment en pourrait-il être autrement quand, avec tous les élémens de prospérité et de gloire, on ne nous a légué que déception, abjection et détresse ? Le système adopté se fait sentir jusque dans les plus petites localités ; nous avons vu graduellement diminuer les travaux de toute espèce, nos marchés et nos foires perdre leur activité ; aujourd'hui tout débouché pour notre bétail est fermé. Le bétail était notre unique ressource pour solder nos ouvriers et acquitter les charges envers l'état. Il ne nous restera bientôt plus que les contraintes du fisc et notre désespoir.

» Les contribuables de cette commune et des circonvoisines ont l'opinion que les sommes qu'ils versent, aux dépens des privations les plus absolues, sont prodiguées aux ennemis de la révolution de juillet, et aux agens de la police pour

ourdir et fomenter des intrigues, des complots moins cri-
minels que flétrissans. Dans cet état de choses, les habitans de cette contrée attendent avec anxiété un changement
qui ne saurait être différé sans attirer sur la France et sur
vous, Sire, des calamités innombrables. Fasse le ciel que
nos vœux ardens se réalisent; c'est dans cet espoir que les
membres du conseil municipal de Chamberet vous prient
d'agréer, Sire, l'assurance de leur constant et entier dévouement pour la cause de la liberté et de la patrie qui
est aussi la vôtre.

Signé : Magenet, maire; Lafleur, Laquerenne,
Boutaud, Forgeinol, Hélitar, Labesse,
Tricaud, Ruant, Larcher, Aimare. »

Souvent le *Moniteur*, dans son empressement à enregis-
trer certaines démonstrations, s'est exposé à d'étranges
mécomptes. Ainsi, dans le département du Pas-de-Calais
où, sur neuf cent quarante communes, deux seulement ont
voté des adresses, on avait enregistré l'adhésion du conseil
municipal de Guines, et ce conseil a protesté dans le
Propagateur contre cette imputation calomnieuse. La minorité des officiers et sous-officiers de la garde nationale de
Saumur (quarante-deux) avait envoyé son adresse; une
majorité triple a protesté contre cette démarche. Dans une
commune du département de Seine-et-Oise, le commandant avait signé pour tous les officiers, en ajoutant : « Mon
bataillon pense comme moi. » Et le corps de *son* bataillon
lui a répondu par un démenti inséré dans les journaux.

Maintenant comparez au nombre des adresses obtenues le
nombre presque centuple des adresses refusées, examinez
l'importance des villes qui ont repoussé la proposition par

un refus formel ou un ajournement, entr'autres Montpellier, Colmar, Strasbourg, Moulins, Caen, Tours, le Mans, Besançon, Troyes, Arras, Nevers, le Puy, Dijon, Lyon, Grenoble, Draguignan, Gap, Digne, Privas, Carcassonne, etc., etc., tous chefs-lieux de département, et Joigny, Toulon, Sens, Béthune, Saint-Omer, Saint-Pol, Dunkerque, Valenciennes, Blaye, etc., etc., et une grande quantité d'autres chefs-lieux d'arrondissement, qui ont répondu par des refus formels aux sollicitations des préfets, et souvent à l'unanimité, comme à Chevreuse (Seine-et-Oise), à Château-Chinon (Nièvre), etc., vous aurez par là une mesure à peu près exacte de la popularité du gouvernement.

Pour achever ce tableau, nous nous proposons, dans un prochain rapport, de mettre sous vos yeux une nomenclature des gardes nationales licenciées et des conseils municipaux dissous depuis que les lois qui les organisent sont exécutées : Nous vous citerons dès aujourd'hui quelques exemples. La garde nationale et le conseil municipal d'Arbois ont été dissous pour venger un député ministériel du charivari qui l'avait accueilli dans cette ville ; la garde nationale de Châlons-sur-Saône est licenciée pour n'avoir pas voulu se prêter aux exigeances illégales du pouvoir. Nous ne vous parlerons pas de la dissolution des gardes nationales de Perpignan, Lyon, Grenoble ; du double licenciement de l'artillerie parisienne ; les faits qui ont déterminé le pouvoir à ces mesures violentes sont sans doute encore présens à votre mémoire, quoique déjà anciens, et quoique les hommes qui nous gouvernent multiplient les actes arbitraires assez pour nous faire facilement oublier ceux de leurs prédécesseurs. La naïveté avec laquelle ils avouent ces actes est vraiment curieuse ; un journal ministériel du 29 janvier admire la mansuétude du gouvernement qui, en vingt mois, n'a dissous que quarante gardes nationales et qui a daigné autoriser immédiatement la réorganisation de onze d'entr'elles. Ne faudrait-il pas savoir gré au ministère de tout le mal qu'il ne fait pas ?

Nous ne vous entretiendrons pas aujourd'hui, Messieurs, de nos relations avec les treize légions de la garde nationale parisienne, et les quatres légions de la banlieue. Ces relations sont encore trop récentes pour avoir produit des résultats importans, et c'est surtout par les résultats que nous aimons à vous faire juger l'utilité des mesures que nous adoptons : mais nous pouvons dès à présent vous dire que nous avons établi des rapports utiles avec les patriotes influens de chacune des légions. D'ici à peu de temps, ces rapports s'étendront à tous les bataillons, à chaque compagnie même ; votre Comité ne reculera pas devant l'immensité du travail que lui donneront des relations si étendues ; mais il a plus que jamais besoin de votre assistance, et notre persévérance ne se lassera pas tant que nous nous sentirons encouragés par vos suffrages et soutenus par vos efforts.

Avant de terminer cette partie de notre rapport, nous devons signaler à votre indignation l'espionnage organisé dans la garde nationale.

Tous les officiers salariés des légions doivent faire des rapports à l'état-major général, sur les légions ou les bataillons auxquels ils sont attachés : c'est surtout auprès des conseils de discipline qu'on voulait les accréditer ; on leur avait fait préparer des feuilles d'audience, et on leur avait enjoint d'assister à toutes les séances et de contrôler les opérations des conseils.

Ces officiers, presque tous patriotes, se trouvaient ainsi placés entre la perte d'emplois qui les font vivre, et la nécessité de se prêter à des démarches peu honorables : quelques-uns ont refusé au risque d'être soumis militairement ; d'autres ont été dispensés de remplir cet office par la décision formelle des conseils de discipline qui ont refusé de reconnaître leur intervention, et enjoint aux secrétaires et rapporteurs de ne leur communiquer aucun renseignement. Espérons que cet exemple sera suivi dans toutes les légions, et que les inventeurs de cette police occulte n'en retireront que la honte et le mépris.

Dans les attributions de la première section de votre Comité se trouveront la statistique électorale, les élections et les pétitions.

La plus importante de ces pétitions depuis la session, est celle qui a pour but de demander l'extension des droits électoraux. Ce serait se faire une grande illusion que d'attendre de notre chambre des députés un accueil favorable à un tel vœu, quel que soit le nombre des pétionnaires ; la conviction intime que la question de la réforme électorale ne pourrait pas même être discutée avec fruit, nous a fait résister aux offres d'un grand nombre de patriotes qui nous proposaient de formuler des pétitions sur ce sujet, et nous priaient instamment d'en provoquer partout. Cependant nous en avons reçu quelques-unes, et notre collègue Garnier-Pagès a déposé sur le bureau de la chambre celle des habitans du Var, couverte de onze cent quatre-vingt-dix-huit signatures.

Nous avons aussi reçu d'Aix une pétition fort énergique contre divers monopoles, divers impôts ruineux, arrivée trop tard. Nous craignons bien que cette réclamation n'ait même pas à la chambre les honneurs d'une discussion sérieuse, malgré le grand nombre de signatures dont elle est couverte.

La pétition des ouvriers de Paris que vous avez pu voir

dans le *Bon Sens* a été présentée à la chambre par l'honorable général Thiard, et les députés qui, comme lui, sont restés fidèles à nos principes et à notre Société, s'empresseront sans doute d'appuyer à la tribune les demandes des pétionnaires.

D'autres pétitions d'intérêt général nous ont été adressées. Nous en avons surveillé l'inscription, et si elles arrivent en ordre, nous en suivrons la discussion et nous donnerons aux députés qui se chargeront de les soutenir tous les éclaircissemens dont ils pourront avoir besoin. De cette manière, une foule de projets utiles, de réclamations justes ne seront plus enfouis dans les cartons de la chambre, ou lus à l'improviste par des rapporteurs peu éclairés ou malveillans, devant une chambre inattentive. Cependant nous ne devons pas vous dissimuler que cette partie de notre mission ne sera convenablement ou complétement remplie que dans la prochaine session. Alors, non-seulement notre organisation sera plus complète, mais les pétitions nous seront adressées assez tôt pour que nous puissions les faire inscrire et en préparer la discussion, ce qui n'a pas eu lieu cette année.

Depuis la clôture de la session de 1831, il y a eu quarante rééelections à faire. Sur ces quarante députés, morts, ou démissionnaires, ou promus à des fonctions publiques, douze appartenaient à l'opposition, trois à la partie flottante de la chambre, vingt-six au parti du ministère. Sur les douze députés de l'opposition, sept ont été remplacés par des candidats de la même opinion. Ce sont MM. Duréaut, nommé député de Mâcon extrà-muros (Saône-et-Loire), à la place de M. Brosse, décédé; M. Kermorial, réélu à Quimperlé, par suite de sa promotion au grade de lieutenant-colonel; M. Antrade, élu à Foix à la place du général Laffitte; M. Brethons-Peyron, à Mont-de-Marsan (Landes), à la place du général Lamarque ; Laussay-Leprovost, à Guingamp (Côtes-du-Nord), à la place de M. Loyer; Debia, à Montauban (Tarn-et-Garonne), à la place de M. Poux-Thierry, démissionnaire ; Isambert, à Luçon (Vendée), au lieu de M. Marchéguy.

Quatre ont été remplacés par des candidats ministériels; savoir : M. Duserré, à Dax (Landes), au lieu de M. Basterrèche, démissionnaire ; de Berthois, aide-de-camp du roi, à Vitré, au lieu de M. Berthois, son frère; Champanhet, à Privas (Ardèche), au lieu de M. Dubois, démissionnaire, et Thil, à Pont-l'Evêque (Calvados), à la place de M. Thouret, mort. Le douzième, M. Gavaret, n'est pas encore remplacé.

Les trois députés douteux sont M. Mérilhou, nommé conseiller à la cour de cassation, et qui paraît rentrer dans les rangs de l'opposition depuis sa réélection ; Delpont, de Figeac (Lot), démissionnaire, non encore remplacé, et Lempereur, de Dôle (Jura), remplacé par le général Bachelu.

Sur les vingt-cinq députés ministériels, un seul, M. Crignon-Bonvallet, de Vendôme (Loir-et-Cher), a été remplacé par un député de l'opposition, M. Péan.

Cinq ne sont pas encore remplacés, ce sont, MM. Dufour, de Nesle, et Nyais, de Saint-Quentin (Aisne), tous deux démissionnaires ; Lameth, de Pontoise (Seine-et-Oise), décédé; Duchâtel, de Jonzac (Charente-Inférieure), nommé pair, et Hély d'Oissel, d'Yvetot (Seine-Inférieure).

M. Lemaire, de Bergues (Nord), a été remplacé par M. Alphonse de Lamartine que les légitimistes revendiquent ; les autres ont été remplacés par des députés dévoués comme eux au ministère; ainsi M. Angot, de Grandville (Manche), par M. Abraham Dubois; M. Bertin Devaux, nommé pair, par M. Guy, à St-Germain-en Laye, (Seine-et-Oise); M. Dozon, nommé conseiller à la cour royale de Paris, réélu à Châlons-sur-Marne; M. Garraube, nommé colonel, réélu à Lalinde (Dordogne); le maréchal Gérard, remplacé à Senlis (Oise) par M. le Maire de Nanteuil ; M. Girod de l'Ain, d'abord nommé ministre, et réélu, puis nommé pair, et remplacé, à Chinon (Indre-et-Loir), par M. Piscatory; M. Guizot, nommé ministre et réélu à Lizieux ; M. Humann, nommé ministre et réélu à Schélestadt (Bas-Rhin); M. Gillon, nommé procureur général et réélu à Bar-le-Duc (Meuse); M. le général Dufour, décédé, et remplacé à Martel (Lot), par M. Touron (ministériel à tendance légitimiste); M. Leverdays, démissionnaire, par M. Legrand, à Mortain (Manche); M. le baron Louis, nommé pair, par M. Joseph Périer, à Épernay (Marne); M. Parant, nommé avocat général, réélu à Metz ; Chédeaux décédé, et remplacé à Metz par le colonel Paixhans ; M. Casimir Périer, décédé, et remplacé à Troyes par M. Vernier ; M. Poulliot, décédé, par M. Édmond Blanc, à Saint-Junien (Haute-Vienne); M. Reinach, démissionnaire, par M. André Kœchlin, à Altkirch (Haut-Rhin), et M. Thiers, nommé ministre, et réélu à Aix (Bouches-du-Rhône).

Ces résultats, pour être sainement appréciés, ont besoin de quelques explications, non que nous voulions dénaturer ou atténuer en rien les effets d'une loi électorale dont nous avons toujours repoussé les bases étroites et les combinaisons impopulaires ; mais il est bon que l'opinion ne prenne pas le change, et qu'on ne regarde pas comme une défaite les quatre élections que le ministère a obtenues là où des patriotes avaient été nommés.

En effet, Messieurs, il est à remarquer que l'opposition n'a jamais obtenu de succès dans les élections partielles; la raison en est simple : l'intérêt qui s'y attache est trop faible pour que les électeurs éloignés se déplacent à grands frais, et viennent concourir à une nomination dont le résultat ne peut jamais être un changement de système, le ministère seul disposant partout des fonctionnaires, a sa phalange compacte et disciplinée à laquelle se joignent les peureux et les indécis. Dans une lutte générale, au contraire, toutes les forces de l'opposition viennent se mesurer contre les phalanges ministérielles ; on comprend qu'il s'agit de disputer le pouvoir et de renverser une administration qu'on réprouve.

Indépendamment de ces considérations générales, il en est d'autres plus spéciales qui méritent aussi de vous être présentées.

Sur les quarante-une élections dont nous vous avons parlé, trente-quatre seulement sont accomplies ; ainsi, par exemple, l'Ardèche avait à remplacer l'honorable M. Dubois : M. Champanhet a été nommé, grâce à l'obstination de quelques candidats de la localité qui n'ont pas voulu abandonner leurs prétentions ; mais surtout parce qu'aucun des candidats qui se présentaient aux suffrages des électeurs patriotes, n'a pas paru offrir des garanties suffisantes de capacité et de dévouement sincère aux principes que nous défendons. Cette absence ou cette insuffisance de candidats se rencontre partout, Messieurs, grâce à l'absurde loi qui a fixé les circonscriptions électorales, et partout, ou presque partout, elle est la cause du succès qu'obtiennent nos adversaires. Le pouvoir a toujours des hommes dévoués à présenter aux électeurs ; et le dévouement est largement payé sur les fonds du budget ; les patriotes, au contraire, font un véritable sacrifice en quittant pendant sept ou huit mois leurs affaires pour venir faire celles du pays ; et, dans l'état actuel des fortunes en France, peu d'hommes sont en position de s'imposer ce sacrifice ; il n'y a souvent dans un arrondissement que deux ou trois citoyens assez connus, assez estimés de leurs compatriotes pour réunir tous les suffrages ; et grâce à la loi restrictive que nous ont faite les doctrinaires, ces citoyens ne sont pas éligibles ou ils ne sont pas assez riches pour faire des frais de voyage et de séjour à Paris sans une juste indemnité. Accordez cette indemnité, supprimez le cens d'éligibilité, et vous trouverez partout des citoyens instruits et probes qui pourront disputer aux hommes du pouvoir la mission de représenter le pays.

Autre exemple : le département des Landes avait à remplacer deux députés signataires du Compte-Rendu ; l'un des candidats élus est un ministériel.

Les journaux vous ont appris par quelles menées un sous-préfet avait réussi à faire écarter le candidat de l'opposition et à faire triompher l'homme de l'autorité. Jamais l'influence de l'administration n'était intervenue d'une manière plus déplorable dans la lutte électorale, et cependant le triomphe n'est dû peut-être qu'à l'abnégation complète du candidat de l'opposition, qui n'a pas cru devoir faire de démarches.

Les circonstances dans lesquelles M. Berthois, aide-de-camp du roi, a été nommé à Vitré à la place de son frère, homme dévoué à la révolution de juillet, méritent d'être rapportées. Les chouans avaient reparu dans cet arrondissement, et les patriotes, toujours prêts à repousser leurs attaques, avaient pris les armes pour combattre ; M. Berthois, qui, pour être un fort mauvais député, n'en est pas moins un brave militaire, se joignit à eux et seconda leurs efforts : son courage fit oublier sa position dépendante, et les électeurs patriotes lui promirent leurs voix, si, au premier tour de scrutin, il l'emportait sur M. Chardel, leur candidat. Cette promesse, imprudemment donnée et loyalement tenue, assura le triomphe de M. de Berthois.

Aux élections de Pont-l'Evêque, M. Thil ne l'emporta que d'un très-petit nombre de voix sur le candidat de l'opposition, et des raisons de localité lui valurent cette préférence. Quelques électeurs d'un canton où M. Thil a ses propriétés, votèrent pour lui, et leur défection accidentelle ôta la majorité aux patriotes.

Sur les dix-neuf colléges qui ont conservé des ministériels pour représentans, cinq avaient à réélire des ministres; et vous le savez, des ministres ont toujours les moyens de se faire réélire. Une seule réélection a été vivement disputée : ce fut celle de M. Thiers à Aix. L'homme qui avait dit en plaisantant à la tribune : « Qu'est-ce qu'un carliste? » fut sur le point d'être remplacé par un carliste, et si M. de Fitz-James ne fut pas nommé, c'est que les patriotes du midi, ayant à choisir entre les partisans de la légitimité et le quasi-légitimiste, donnèrent la préférence à ce dernier, oubliant alors son apostasie, se rappelant seulement les services qu'il avait jadis rendus à la liberté.

A Troyes, où Casimir Périer avait été élu à une immense majorité, son successeur, M. Vernier, ne l'emporta que de quelques voix sur M. Stourm, candidat de l'opposition. Cet honorable citoyen, brutalement destitué il y a deux ans, pour avoir signé l'association nationale, eût été certainement nommé si les souvenirs récens des journées de juin n'eussent découragé quelques patriotes et rallié à leurs adversaires quelques électeurs flottans.

A Martel (Lot), M. Touron, candidat légitimiste, ne l'emporta qu'au scrutin de ballotage sur M. Souilhet, candidat de l'opposition, qui, aux deux premiers tours, avait eu l'avantage; plusieurs électeurs, après avoir voté le second jour, crurent l'élection terminée et se retirèrent sans attendre le résultat du scrutin. Leur départ assura l'avantage à

M. Tournon, qui obtint onze voix de plus que M. Souilhet.

A Epernay, la lutte s'engagea entre des partisans plus ou moins dévoués du ministère. Les patriotes, qui sont en majorité dans cet arrondissement, ne trouvèrent aucun candidat qui pût accepter la députation, et s'abstinrent de voter : grâce à leur absence, M. Joseph Périer fut nommé de préférence au légitimiste, M. Salvandy.

Il ne faut pas oublier non plus, Messieurs, pour apprécier sainement notre situation, et se faire une idée exacte des progrès de l'opinion publique, la position nette qu'a prise depuis quelque temps l'opposition, ou du moins une partie assez considérable de l'opposition. Le Compte-Rendu avait déjà paru à beaucoup d'hommes méticuleux un acte insolite et peu parlementaire. Les réserves qu'il contenait implicitement en faveur de la souveraineté nationale, les commentaires publiés à ce sujet par les journaux de toutes les opinions et de toutes les nuances, ont achevé de prouver au pays que la révolution de juillet comptait à la chambre de fidèles défenseurs : mais, précisément parce que plusieurs membres de l'opposition avaient énoncé clairement que cette révolution sociale devait avoir toutes ses conséquences, la réaction a dû être plus forte parmi les hommes qui croient avoir tout gagné par le changement de dynastie et l'abaissement du cens électoral.

Lors des élections générales de 1831, on avait encore l'espoir que le pouvoir serait facilement ramené dans les voies de progrès et d'amélioration ; mais, depuis qu'une longue expérience a prouvé l'imperfection des institutions elles-mêmes, depuis qu'un grand nombre de citoyens éclairés ont proclamé hautement qu'un changement de système n'était pas moins nécessaire qu'un changement de personnes, il a fallu aux électeurs un patriotisme bien plus pur, des lu-

mières bien plus grandes pour suivre l'opposition dans cette
nouvelle carrière où la calomnie n'épargnait pas ses membres ; et vous comprenez comme nous que, dans de telles circonstances, l'élection d'un patriote, quelque modéré qu'il
soit en effet, est bien plus significative qu'elle n'avait pu
l'être avant que le système du gouvernement n'eût eu le
temps de se fortifier.

Considérez avec attention l'état général des esprits, l'atti-
tude de la presse périodique à Paris et dans les départemens ;
songez que les opinions les plus avancées, les plus largement
progressives ont partout leurs organes, et comparez cette
situation avec celle de la France pendant les deux premiè-
res années de la restauration. Alors on trouvait moins de
citoyens qui osassent se proclamer libéraux ou amis de la
Charte, qu'on n'en compte aujourd'hui qui se disent partisans de la souveraineté du peuple, dans toutes ses conséquences. Alors la presse était bâillonnée ; plus tard la tribune
était veuve de ses orateurs les plus énergiques ; Manuel était
rappelé à l'ordre pour avoir proclamé le sentiment de répu-
gnance qui avait accueilli les Bourbons, et expulsé de la
chambre pour avoir fait allusion à l'énergie de la Convention.
Et cependant, sept ans après cette expulsion du courageux
député, la France avait brisé le trône des Bourbons et
chassé leur dynastie.

Imprimerie de DUCESSOIS, quai des Augustins, 55.